Dorothee Raab

Textaufgaben – schnell kapiert!

3. Klasse

Aufgabenstellung: Dorothee Raab und Christiane Wilde

Mit Illustrationen von Bettina Abel
und Guido Wandrey

Dieses Heft gehört

_____

Cornelsen
SCRIPTOR

Liebe Eltern!
Lernen zu Hause macht Spaß!

Was in der Schule gelehrt wird, können Sie zu Hause mit zusätzlichen, sinnvollen Übungen unterstützen, denn Kinder brauchen viele Übungsmöglichkeiten, bis sie sicher rechnen können.
In diesem Buch lernen Kinder der 3. Klasse spielerisch Textaufgaben zu verstehen und zu lösen. Vielen Kindern fallen diese Aufgaben schwer, denn sie zu lösen setzt voraus, dass der Text verstanden wird, Informationen in ihm erkannt und in Beziehung zueinander gesetzt werden. Das anschließende Umsetzen in eine Rechenaufgabe wird gefordert.
Mit diesem Buch macht das Rechnen von Textaufgaben wirklich Spaß. Es werden viele Lösungshilfen zum Verständnis vermittelt.
Dazu gehören
- Übungen zum Textverständnis,
- das Erkennen von Signalwörtern,
- die Entscheidung für eine Rechenart,
- der Umgang mit Rechenbäumen,
- das Rechnen mit Hilfe von Tabellen und
- die Verknüpfung verschiedener Rechenarten.

Die Aufteilung in kleine Lernschritte garantiert einen guten Lernerfolg. Der Schwierigkeitsgrad der Aufgaben steigert sich langsam. Auf einer Lösungsseite am Ende des Buches können die eigenen Ergebnisse überprüft werden.
Denken Sie immer daran, dass Lernen Kindern Spaß machen soll. Ermutigen Sie Ihr Kind und loben Sie seinen Lernfortschritt. Es wird in seiner Umwelt sicher viele Möglichkeiten finden, das Gelernte anzuwenden und eigene Sachaufgaben zu entwickeln. Vielleicht ist auch einmal eine dabei, die Sie lösen müssen?

Und nun viel Freude und Erfolg beim Üben!

www.cornelsen.de

Bibliografische Information
Die Deutsche Bibliothek verzeichnet diese Publikation in der Deutschen Nationalbibliografie; detaillierte bibliografische Daten sind im Internet über http://dnb.ddb.de abrufbar.

Dieser Band folgt den Regeln der deutschen Rechtschreibung, die seit August 2006 gelten.

5. Auflage 2010
© 2010 Cornelsen Verlag Scriptor GmbH & Co. KG, Berlin
Das Werk und seine Teile sind urheberrechtlich geschützt. Jede Nutzung in anderen als den gesetzlich zugelassenen Fällen bedarf der vorherigen schriftlichen Einwilligung des Verlages.
Hinweis zu den §§ 46, 52 a UrhG: Weder das Werk noch seine Teile dürfen ohne eine solche Einwilligung eingescannt und in ein Netzwerk eingestellt werden.
Dies gilt auch für Intranets von Schulen und sonstigen Bildungseinrichtungen.
Redaktion: Daniela Brunner, Düsseldorf
Herstellung: Uwe Pahnke, Regina Meiser, Berlin
Umschlaggestaltung: Magdalene Krumbeck, Wuppertal
unter Verwendung von Illustrationen von Guido Wandrey
Satz und Lithografie: KCS GmbH, Buchholz/Hamburg
Druck und Bindung: Saaledruck Naumburg GmbH
Printed in Germany
ISBN 978-3-589-22415-9

Gedruckt auf säurefreiem Papier,
umweltschonend hergestellt aus chlorfrei gebleichten Faserstoffen.

Lies jede Sachaufgabe mindestens zweimal, damit du sie genau verstehst.

1. Die Marsmutter zählt ihre Kinder. Es sind 50. Davon sind 23 Mädchen.

   Frage:
   Wie viele Jungen sind es?

   Rechenart:
   | + | − | · | : |

2. Alle Mädchen haben 2 Schleifen im Haar.

   Frage:
   Wie viele Schleifen muss die Marsmutter binden?

   Rechenart:
   | + | − | · | : |

3. Jeden Morgen verteilt die Marsmutter 250 Marsriegel an ihre Kinder.

   Frage:
   Wie viele Riegel bekommt jedes Kind?

   Rechenart:
   | + | − | · | : |

4. Die Marsmutter trifft sich mit ihrer Freundin Mara. Mara hat 30 Kinder. Alle machen einen Ausflug zu einer großen Weltraumrutsche.

   Frage:
   Wie viele Kinder sind es zusammen?

   Rechenart:
   | + | − | · | : |

Lies die Aufgaben und entscheide, ob du + − · : rechnen musst. Kreise die richtige Rechenart ein.

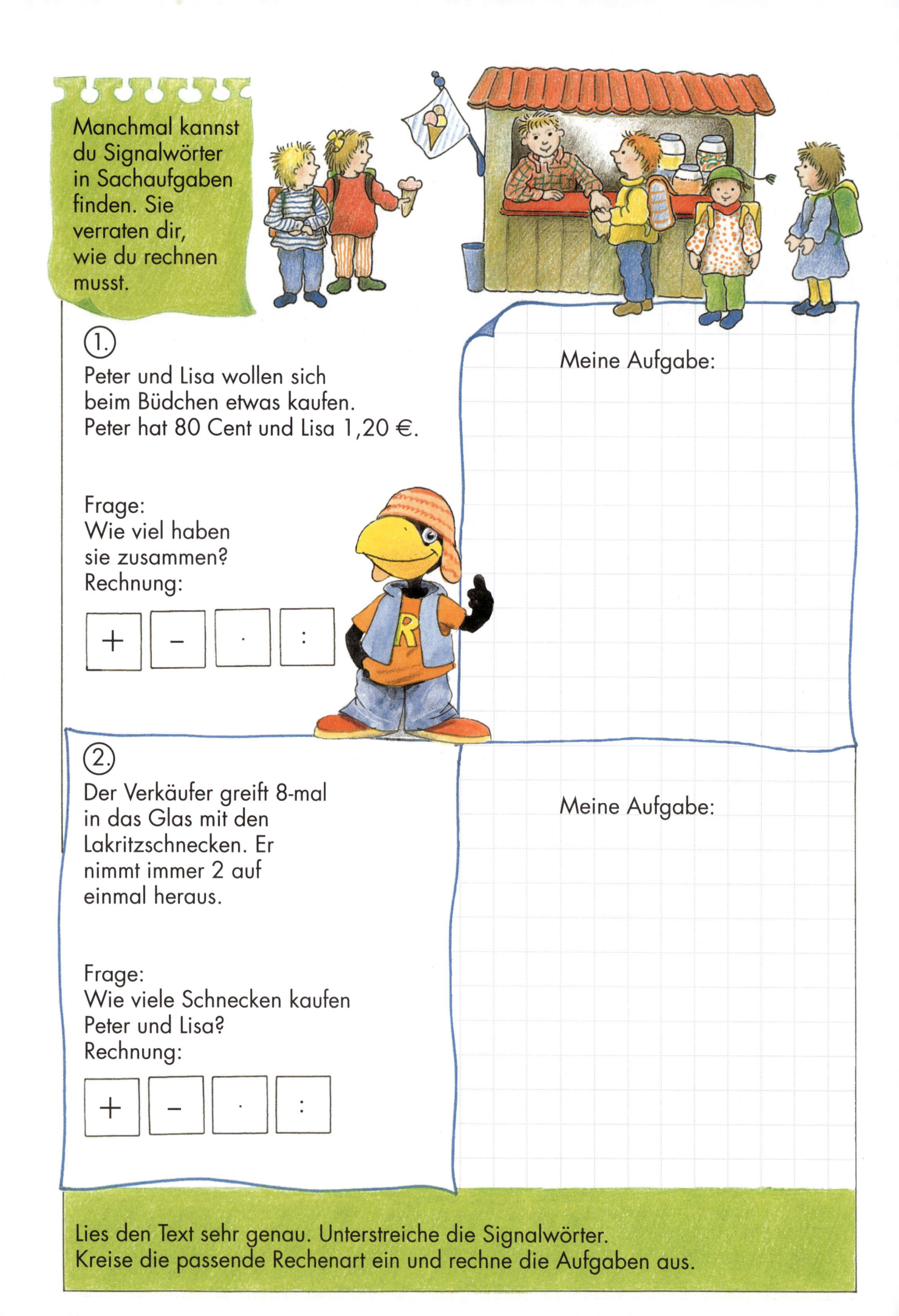

Manchmal kannst du Signalwörter in Sachaufgaben finden. Sie verraten dir, wie du rechnen musst.

1.

Peter und Lisa wollen sich beim Büdchen etwas kaufen. Peter hat 80 Cent und Lisa 1,20 €.

Frage:
Wie viel haben sie zusammen?
Rechnung:

| + | − | · | : |

Meine Aufgabe:

2.

Der Verkäufer greift 8-mal in das Glas mit den Lakritzschnecken. Er nimmt immer 2 auf einmal heraus.

Frage:
Wie viele Schnecken kaufen Peter und Lisa?
Rechnung:

| + | − | · | : |

Meine Aufgabe:

Lies den Text sehr genau. Unterstreiche die Signalwörter. Kreise die passende Rechenart ein und rechne die Aufgaben aus.

Achte auf die Signalwörter. Du musst die richtige Rechenart finden.

1.
Lisa hat 1,20 €. Ihre Freundin Katrin gibt 50 Cent dazu.

Frage:
Wie viel Geld haben die beiden insgesamt?

Signalwort:
_____

Rechenart:
| + | − | · | : |

2.
Peter verteilt 16 Schnecken an sich, Lisa und zwei Freunde.

Frage:
Wie viele bekommt jeder?

Signalwort:
_____

Rechenart:
| + | − | · | : |

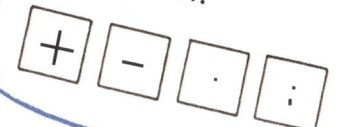

3.
Lisa und Katrin kaufen von ihrem gemeinsamen Geld für 1 € Kaugummi.

Frage:
Wie groß ist der Rest?

Signalwort:
_____

| + | − | · | : |

4.
Der Verkäufer geht 3-mal nach hinten und bringt jedes Mal 2 Portionen Eis mit.

Frage:
Wie viele Portionen Eis holt er insgesamt?

Signalwort:
_____

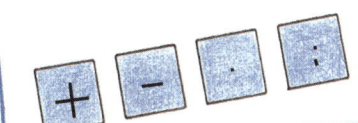

| + | − | · | : |

Lies den Text der Aufgaben.
Suche die Signalwörter und die passende Rechenart.

Rechne immer Plusaufgaben. Oder?

1 Flasche Saft und Kekse: 2 € + 1 € =   €

Kekse und Erdnüsse:

1 T-Shirt und eine Kappe:

1 Ball und 2 Fahnen:

5 Flaschen Saft:

4 T-Shirts:

3 Bälle:

Rechne aus, was du bezahlen musst, wenn du einkaufen gehst.

Der Marsvater geht mit seinen 27 Jungen und 13 Freunden zum Fußballspiel Mars gegen Saturn.

Frage:
Wie viele Karten kauft er für die Kinder?
Rechnung:

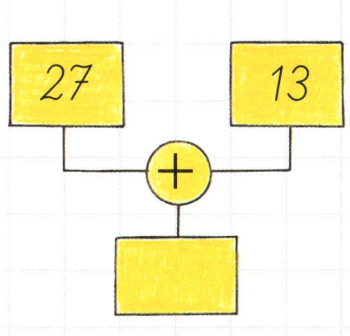

| 27 | 13 |
| + |
| |

Antwort: Er kauft _____ Karten.

> Viele Sachaufgaben kannst du einfacher lösen, wenn du ein Rechendiagramm (Rechenbaum) zeichnest.

Der Marsvater muss für jede Karte 7 € bezahlen.

Frage:
Wie viel muss er insgesamt für alle Kinder bezahlen?
Rechnung:

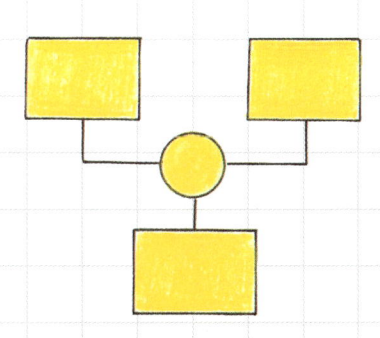

Antwort: Er muss _____ bezahlen.

Lies die Textaufgaben und fülle das Rechendiagramm richtig aus.

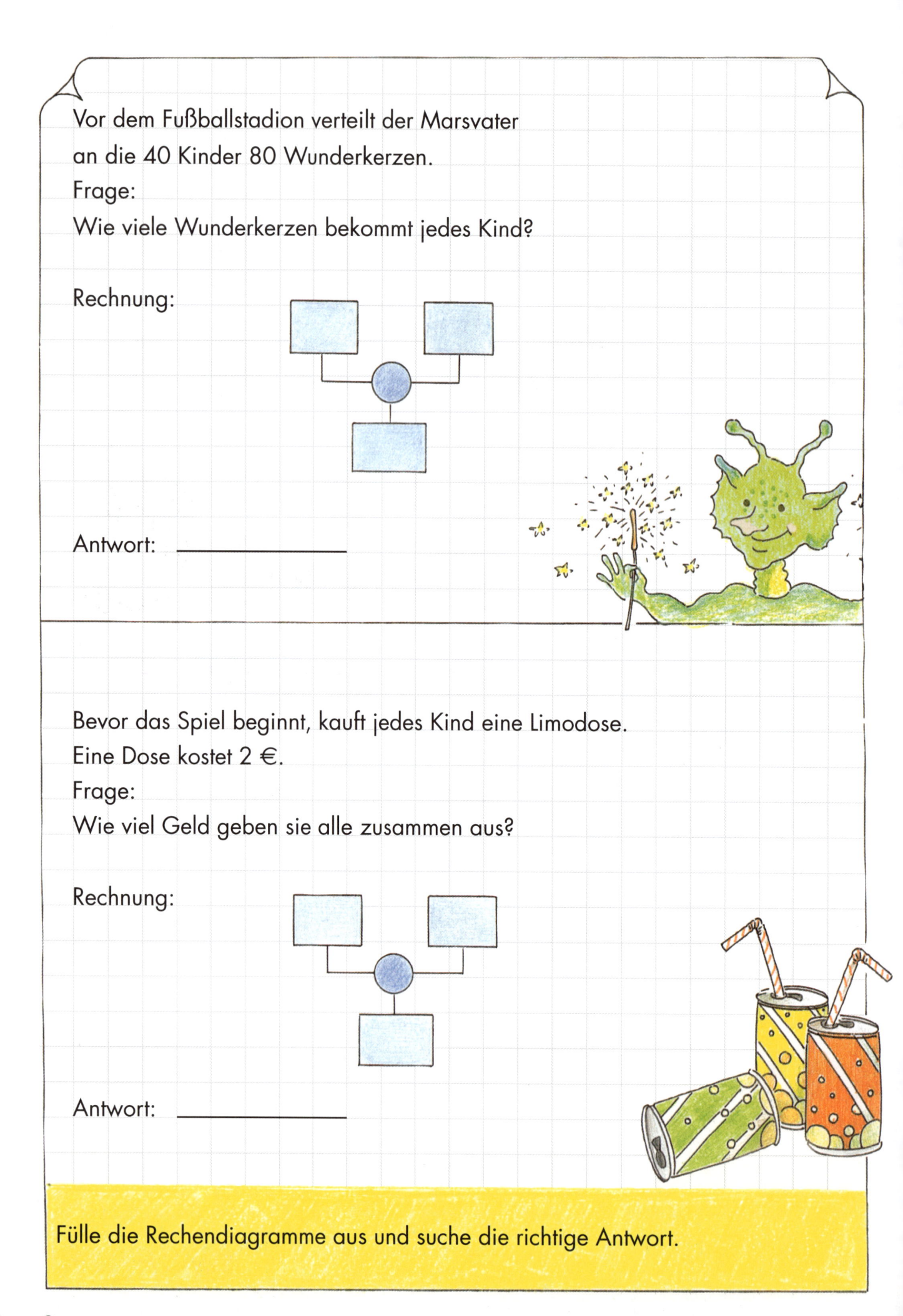

Vor dem Fußballstadion verteilt der Marsvater
an die 40 Kinder 80 Wunderkerzen.
Frage:
Wie viele Wunderkerzen bekommt jedes Kind?

Rechnung:

Antwort: _____

Bevor das Spiel beginnt, kauft jedes Kind eine Limodose.
Eine Dose kostet 2 €.
Frage:
Wie viel Geld geben sie alle zusammen aus?

Rechnung:

Antwort: _____

Fülle die Rechendiagramme aus und suche die richtige Antwort.

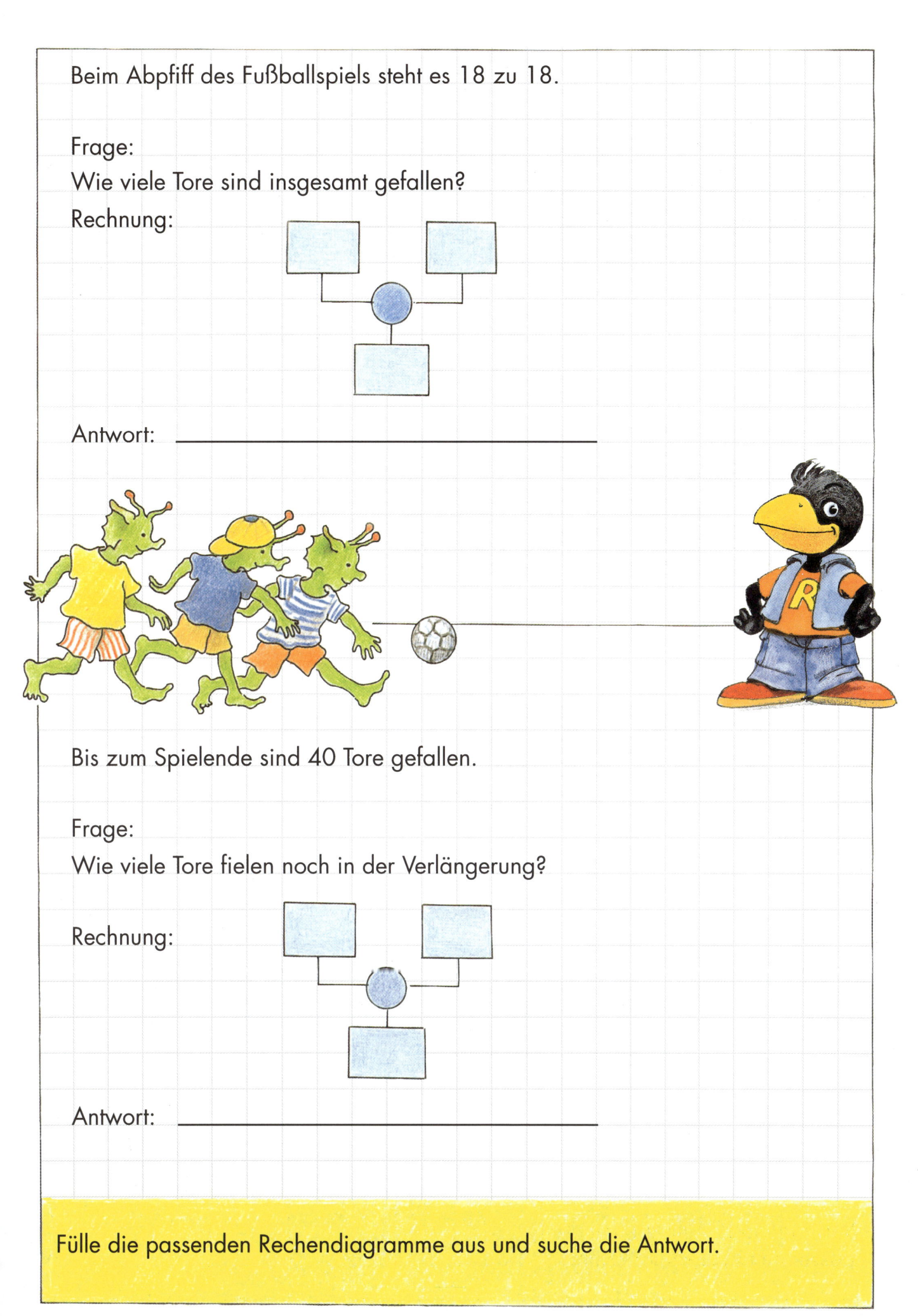

Beim Abpfiff des Fußballspiels steht es 18 zu 18.

Frage:
Wie viele Tore sind insgesamt gefallen?

Rechnung:

Antwort: _____

Bis zum Spielende sind 40 Tore gefallen.

Frage:
Wie viele Tore fielen noch in der Verlängerung?

Rechnung:

Antwort: _____

Fülle die passenden Rechendiagramme aus und suche die Antwort.

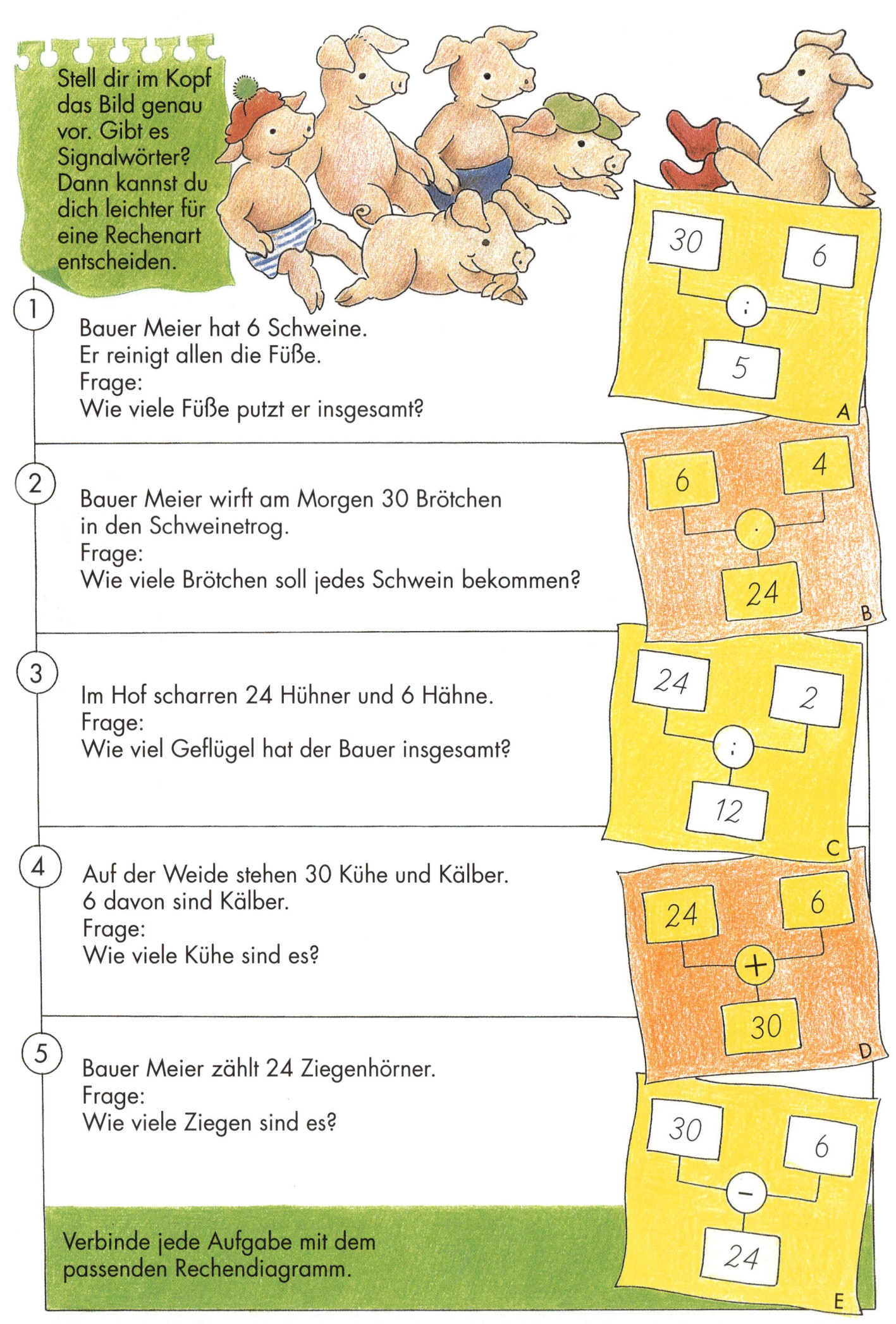

Stell dir im Kopf das Bild genau vor. Gibt es Signalwörter? Dann kannst du dich leichter für eine Rechenart entscheiden.

① Bauer Meier hat 6 Schweine.
Er reinigt allen die Füße.
Frage:
Wie viele Füße putzt er insgesamt?

② Bauer Meier wirft am Morgen 30 Brötchen in den Schweinetrog.
Frage:
Wie viele Brötchen soll jedes Schwein bekommen?

③ Im Hof scharren 24 Hühner und 6 Hähne.
Frage:
Wie viel Geflügel hat der Bauer insgesamt?

④ Auf der Weide stehen 30 Kühe und Kälber.
6 davon sind Kälber.
Frage:
Wie viele Kühe sind es?

⑤ Bauer Meier zählt 24 Ziegenhörner.
Frage:
Wie viele Ziegen sind es?

Verbinde jede Aufgabe mit dem passenden Rechendiagramm.

A: 30 : 6 = 5
B: 6 · 4 = 24
C: 24 : 2 = 12
D: 24 + 6 = 30
E: 30 − 6 = 24

① Aufgabe:

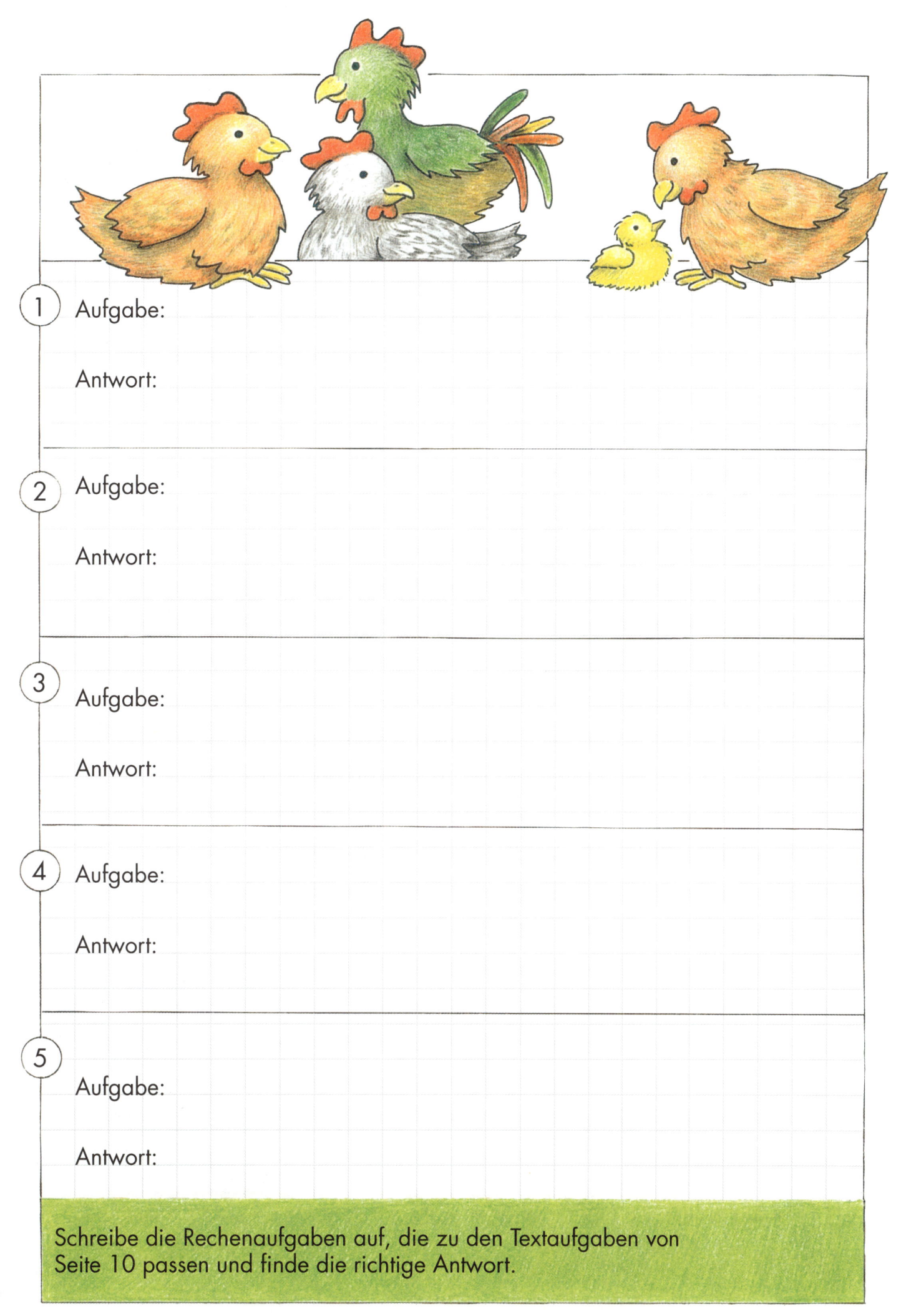

Antwort:

② Aufgabe:

Antwort:

③ Aufgabe:

Antwort:

④ Aufgabe:

Antwort:

⑤ Aufgabe:

Antwort:

Schreibe die Rechenaufgaben auf, die zu den Textaufgaben von
Seite 10 passen und finde die richtige Antwort.

9 nach oben
7 nach links
7 nach oben
4 nach rechts
2 nach oben
13 nach links
4 nach oben
19 nach rechts
10 nach unten

Lies den Geheimplan. Er führt dich zu der Truhe mit dem Schatz.
Die drei Hexen machen sich gemeinsam auf den Weg. Hilfst du ihnen?

> Lies ganz genau:
> In Textaufgaben stehen die Zahlen oft als Zahlwörter. Unterstreiche sie.

Ich nehm' fünf mal die acht Beine der Spinne,
dazu die Hundert noch gewinne,
zähle dann fünf davon ab – ganz allein
und schon ist klar: die Truhe ist mein!

Blixa

$5 \cdot 8 = 40$
$40 + = $
$ = $

Sechzehn Raben geteilt durch vier
und zwanzig dazu noch geb' ich dir,
dann fünfzig lege noch dazu
und schon gehört nur mir die Truh'!

$16 : = $
$ = $
$ = $

Trixi

Wenn hundert ich teil schnell durch zwei
und diese Zahl dann nehm' mal drei,
danach noch sechzig nehme weg,
den Schlüssel in die Truh' ich steck!

$ = $
$ = $
$ = $

Plixi

Die Hexen sagen ihren Zauberspruch. Zu jedem Spruch gehören 3 Rechenaufgaben. Wer kann die Truhe auf Seite 12 öffnen?

13

Zu jeder Textaufgabe gehören Frage, Rechnung und Antwort. Schreibe als Antwort einen vollständigen Satz.

1. Mutter hat zum Geburtstag 8 Stücke Kuchen und 16 Stücke Torte gebacken.

Frage:
Wie viele Stücke sind es insgesamt?

Rechnung:

Antwort:

2. 6 Kinder feiern den Geburtstag.

Frage:
Wie viele Stücke darf jedes Kind essen?

Rechnung:

Antwort:

3. Auf Marias Geburtstagstorte brennen 10 Kerzen. 4 pustet Maik aus.

Frage:
Wie viele Kerzen brennen noch?

Rechnung:

Antwort:

Lies die Textaufgaben ganz genau. Suche die passende Rechnung und notiere deine Antwort.

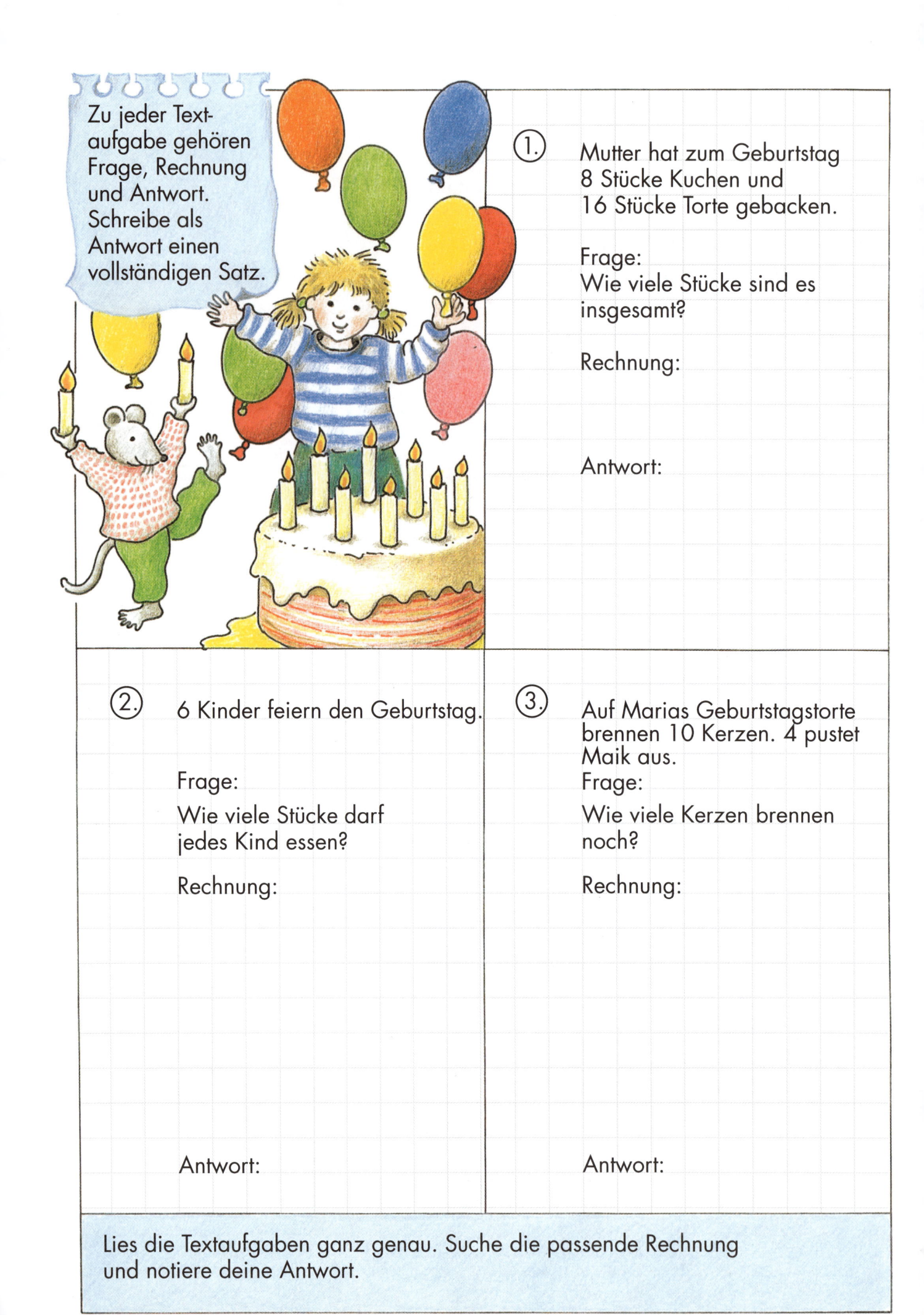

①

Katharina wünscht sich zum Geburtstag Inline-Skates. Sie wird 10 Jahre alt. Die Schuhe kosten 165 €. Katharinas Mutter meint, dass sie auch unbedingt Arm- und Knieschoner braucht. Sie kosten 45 €.

Frage:

Rechnung:

Antwort:

> Überlege, welches die wichtigen Informationen in der Textaufgabe sind.

②

Katharina hat dieses Mal von ihren Großeltern und den Paten Geld bekommen. Am Abend zählt sie nach. Es sind 180 €. Leider braucht sie aber 210 €.

Frage:

Rechnung:

Antwort:

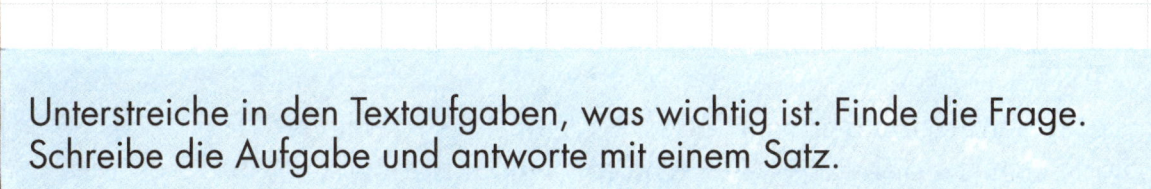

Unterstreiche in den Textaufgaben, was wichtig ist. Finde die Frage. Schreibe die Aufgabe und antworte mit einem Satz.

① Katharina geht mit ihren 6 Freunden ins Kino. Alle sind 10 Jahre alt. Sie sehen einen Trickfilm. Eine Kinokarte kostet für Kinder 4 €, für Erwachsene 7 €. Katharina kauft für sich und ihre Freunde Karten.

Frage:

Rechnung:

Antwort:

② Zu Hause hat Katharinas Mutter ein Blech Pizza gebacken. Die sieben Kinder setzen sich an den Tisch. Mutter hat die Pizza in 21 Stücke geschnitten.

Frage:

Rechnung:

Antwort:

Unterstreiche in den Textaufgaben wieder, was wichtig ist. Finde die Frage. Schreibe die Rechenaufgabe und antworte mit einem Satz.

①
Eine Woche hat sieben Tage. Berechne, wie viele Tage drei, fünf, acht Wochen haben.

Eine Tabelle kann dir helfen, Textaufgaben zu lösen.

Wochen	Tage
1	7
2	
3	
5	
6	
7	
8	

Antwort:
_____
_____
_____
_____
_____
_____

②
Das Marsmobil schafft in 3 Stunden 6 km Strecke. Wie weit kommt es in 4, 8 und 12 Stunden?

Antwort:
_____
_____
_____
_____
_____

Stunden	km
1	
2	
3	6
4	
8	
12	

Rechne die Aufgaben zuerst in der Tabelle aus. Schreibe dann die Antwort als vollständigen Satz.

Die Marskinder brauchen Ersatzantennen für ihre Marshelme. Firma Tenni verlangt für 5 Stück 150 €. Bei Firma Funkgut kosten 3 Stück 120 €. Vergleiche die Preise für 1, 2, 3 und 5 Antennen.

Firma Tenni

Anzahl	Preis
1	
2	
3	
4	
5	150 €

Firma Funkgut

Anzahl	Preis
1	
2	
3	120 €
4	
5	

Die Antennen von _____ sind billiger.

Sie kosten pro Stück _____ € weniger.

Die Antennen von _____ sind teurer.

Sie kosten pro Stück _____ € mehr.

Rechne zuerst die Aufgaben in der Tabelle und fülle dann die Lücken in den Antworten aus.

Unterstreiche in den Textaufgaben wichtige Stellen und Signalwörter.

① Johann macht mit seiner Klasse am Wochenende eine Radtour.
Am Samstag wollen sie 49 km fahren, am Sonntag 38 km.

Frage:

Rechenart: [+] [−] [·] [:]

Antwort:

Aufgabe:

② Johann und Maria sind für die Planung verantwortlich.
Sie überlegen: 28 Kinder und 2 Lehrer gehören zur Gruppe.
Für alle Fälle planen sie ein, dass vielleicht die Hälfte aller Räder eine Panne hat und Fahrradpflaster braucht.

Frage:

Rechenart: [+] [−] [·] [:]

Aufgabe:

Antwort:

Lies die Textaufgaben und schreibe die Frage, Rechnung und Antwort auf.

①
Die Strecke der Radtour ist sehr bergig. Das ist anstrengend und macht Durst.
Jede Person wird pro Tag 2 l Getränke benötigen.
(Blätter zurück, damit du die Personenzahl weißt.)

Frage:

Rechnung:

Antwort:

②
Die Fahrradtaschen sind prall gefüllt. In jeder Tasche sind 8 kg Kleidung,
5 kg Proviant, 1 kg Kartenmaterial und Spiele verstaut.

Frage:

Rechnung:

Antwort:

Lies die Textaufgaben und schreibe die Frage, Rechnung und Antwort.

①
Johann und Peter machen auf einer Strecke eine Wettfahrt. Johann fährt 26,5 Stundenkilometer. Peter fährt 24,9 Stundenkilometer.

Frage:

Rechnung:

Antwort:

②
Am Samstag lädt der Lehrer alle zu einem großen Eis ein.
Jede Portion kostet 3 €.

Frage:

Rechnung:

Antwort:

Lies die Textaufgaben und schreibe die Frage, Rechnung und Antwort.

PREISWERT

- Butter 250g — 1 €
- Gummibärchen — 0,75 €
- Feinwaschmittel 3kg — 5,99 €
- Erdbeermarmelade 450g — 1,53 €
- Saft 1l — 1,03 €
- Käse 200 g — 2,19 €
- Schokokekse — 1,59 €

KAUF MICH

- Gummibärchen — 0,69 €
- Erdbeermarmelade 450g — 1,44 €
- Schokokekse — 0,79 €
- Feinwaschmittel 3kg — 6,23 €
- Saft 1l — 0,99 €
- Käse 200 g — 2,22 €
- Butter 250g — 1,19 €

Vergleiche die Preise in den beiden Läden.

	Preis bei **PREISWERT**	Preis bei **KAUF MICH**	Unterschied
Käse	2,19 €	2,22 €	3 Cent
Butter			
Kekse			
Apfelsaft			
Marmelade			
Gummibärchen			
Waschmittel			

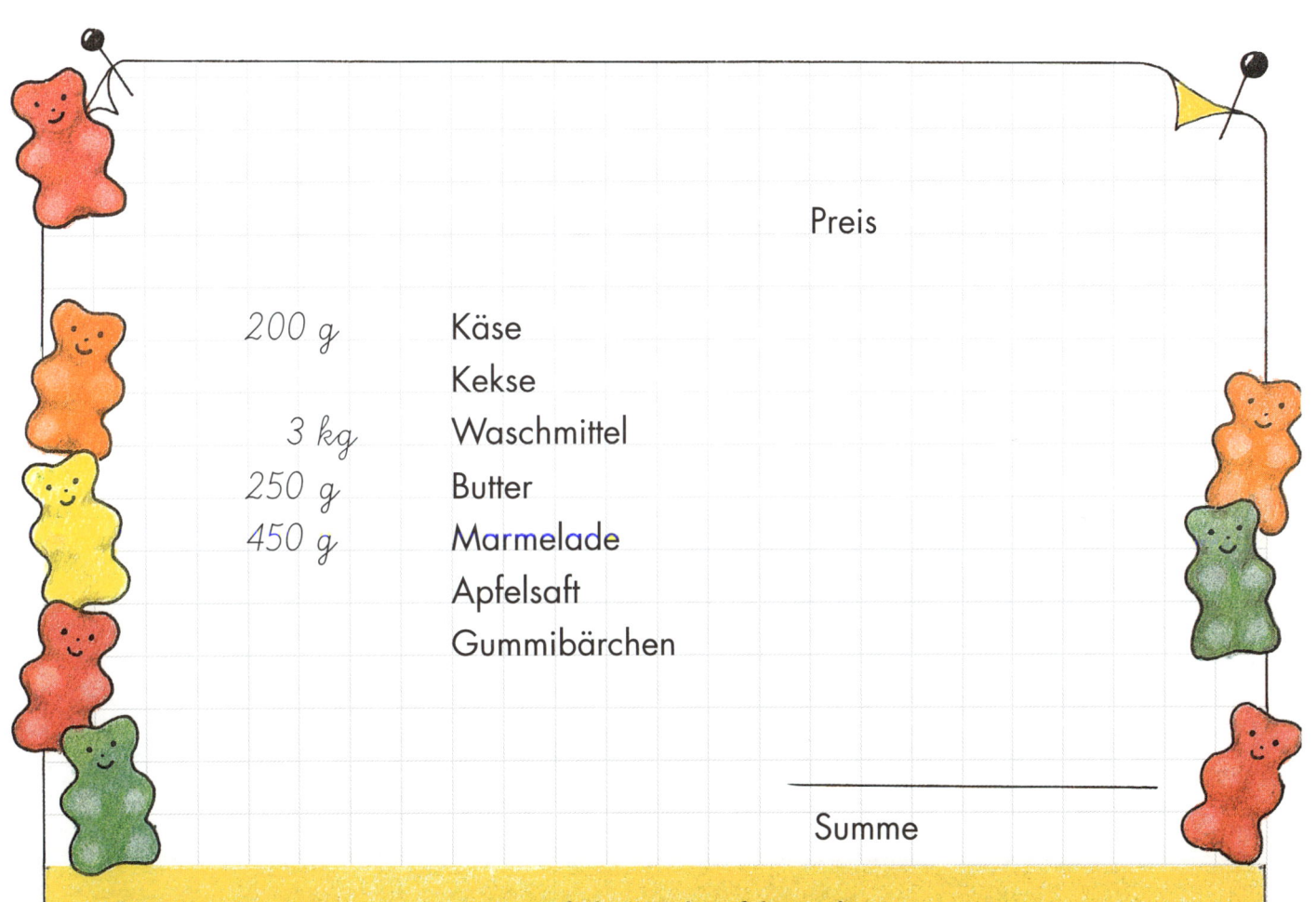

		Preis
200 g	Käse	
	Kekse	
3 kg	Waschmittel	
250 g	Butter	
450 g	Marmelade	
	Apfelsaft	
	Gummibärchen	
	Summe	

Vergleiche die Preise und trage auf der Einkaufsliste die günstigsten Preise ein.

Achtung, Achtung! Verschlüsselte Mars-Aufgaben!

24 + ◯ = 30
△ − ◯ = 20

24 + ⑥ = 30
㉖ − ⑥ = 20

---

52 + ◯ = 60
△ − ◯ = 2

73 + ◯ = 90
△ − ◯ = 13

---

64 : △ = 8
☐ · △ = 56

4 · ☐ = 12
☐ · △ = 15

---

16 + ◯ = 23
◯ · △ = 63

△ · ☐ = 36
72 : ☐ = 8

◯ : 7 = 6
△ − 8 = ◯

☐ · △ = 40
25 + ☐ = 33

Lies die Geheimcodes. Immer 2 Aufgaben gehören zusammen.
Hinter jedem gleichen Zeichen verbirgt sich dieselbe Zahl.

A

Tina reitet gerne. In der Zeitung liest sie, dass eine Übernachtung auf dem Ponyhof 50 € kostet. Tina hat 200 € in ihrer Sparbüchse.

B

Peter hat Geburtstag. Er holt Flaschen mit Apfelsaft aus dem Keller. Peter kann immer 2 auf einmal tragen. Er braucht 10 Flaschen. Eine fällt ihm leider runter.

	Wie oft muss er laufen?
	$200 : 50 = 4$
	$10 : 2 = 5 \qquad 5 + 1 = 6$
	Sie kann 4 Tage bleiben.
	Er muss 6-mal laufen.
	Wie viele Tage kann sie bleiben?

Hier ist alles durcheinander geraten. Trage den Buchstaben ein, der zur Aufgabe passt und nummeriere in der richtigen Reihenfolge: A1, A2 ...

C Eine Zirkuskarte kostet für Kinder 9 €, für Erwachsene 18 €. Herr Walter kauft für sich, seine Frau und die beiden Kinder Karten.

D Timo kauft ein Heft für 50 Cent und zwei Stifte zu je 1,50 €. Er bezahlt mit einem 5-€-Schein.

| | 2 · 9 = 18 | 2 · 18 = 36 | 36 + 18 = 54 |

| | Wie viel Geld bekommt er zurück? |

| | Wie viel zahlt er insgesamt? |

| | Er bekommt 1,50 € zurück. |

| | 1,50 € + 1,50 € + 50 Cent = 3,50 €
5,00 € − 3,50 € = 1,50 € |

| | Er zahlt 54 €. |

Hier ist wieder alles durcheinander geraten. Finde heraus, was zusammengehört und nummeriere in der richtigen Reihenfolge: C1, C2 …

1. Kathrin fährt mit ihren drei Freundinnen in den Zoo. Die Buskarte kostet pro Person 5 € und die Eintrittskarte 9 €.

   Ich rechne erst ☐ ☐ , dann ☐

2. Timos Klasse und die Parallelklasse fahren auf Klassenfahrt. Es sind 56 Kinder und 4 Erwachsene. In einen Bus passen 30 Kinder.

   Ich rechne erst ☐ , dann ☐

3. Lisa kauft 6 Flaschen Apfelsaft zu je 1 € und 8 Brötchen zu je 60 Cent. Sie zahlt mit einem 20-€-Schein.

   Ich rechne ☐ ☐ ☐ ☐

4. Für ein Gummitwistband messen Lisa und Tina 3 m ab, für den Knoten rechnen sie 25 cm dazu. Auf der Rolle sind 4 m.

   ☐ ☐

5. Die Sommerferien dauern 5 Wochen und vier Tage.

   ☐ ☐

Das kannst du jetzt schon ganz einfach lösen:
Schreibe neben jede Textaufgabe, welche Rechenarten du zur Lösung anwenden musst.

27

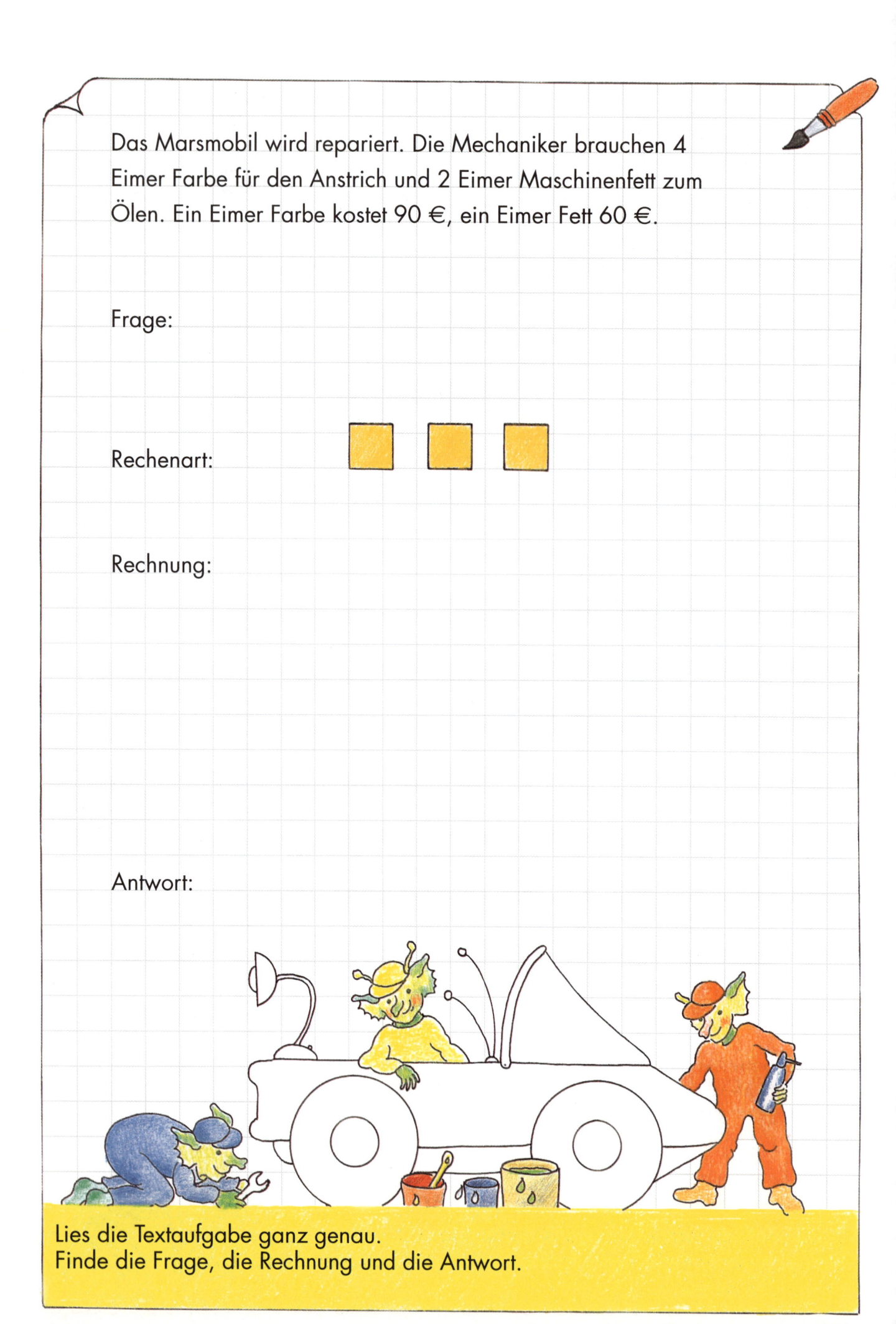

Das Marsmobil wird repariert. Die Mechaniker brauchen 4 Eimer Farbe für den Anstrich und 2 Eimer Maschinenfett zum Ölen. Ein Eimer Farbe kostet 90 €, ein Eimer Fett 60 €.

Frage:

Rechenart:

Rechnung:

Antwort:

**Lies die Textaufgabe ganz genau.
Finde die Frage, die Rechnung und die Antwort.**

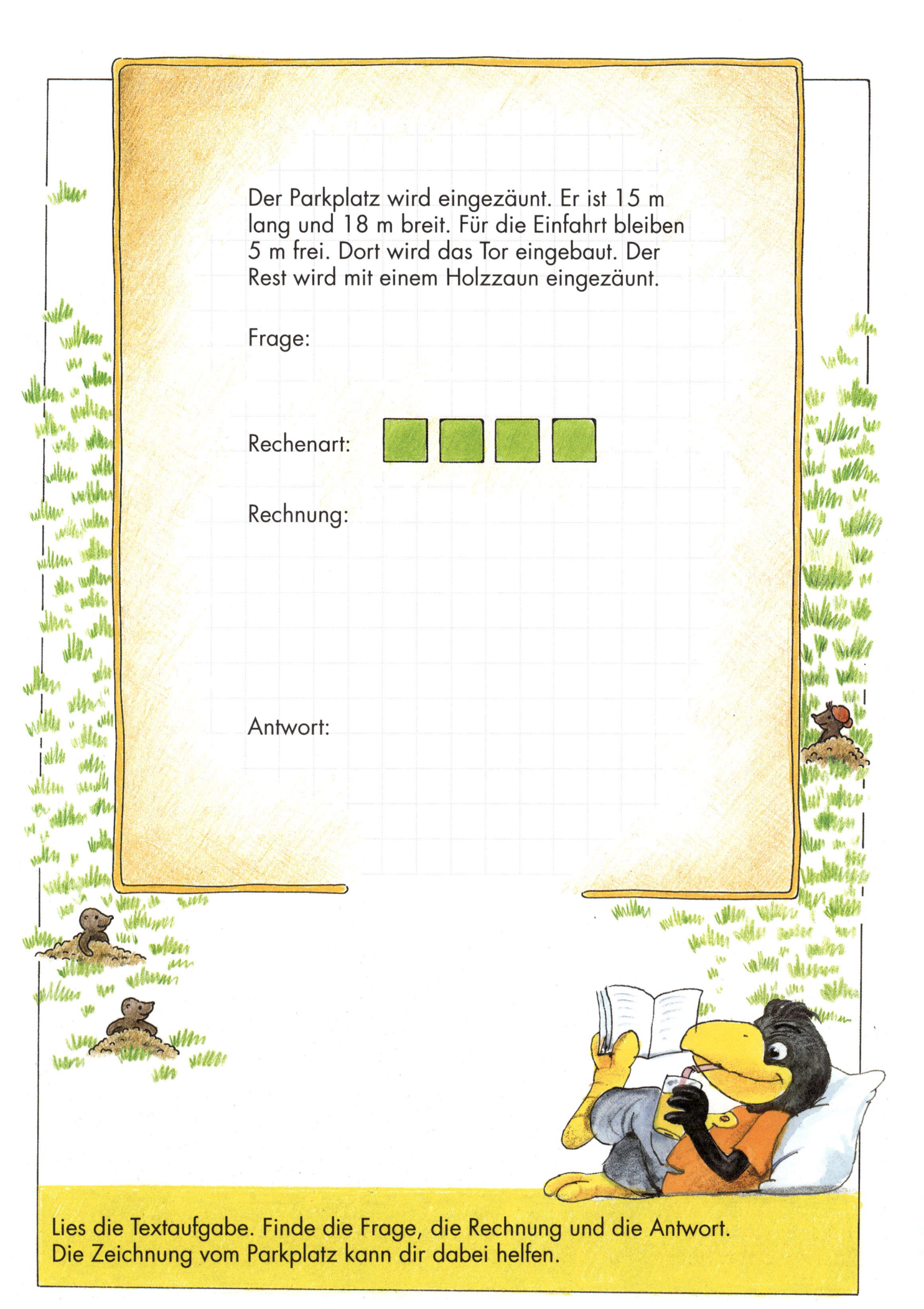

Der Parkplatz wird eingezäunt. Er ist 15 m lang und 18 m breit. Für die Einfahrt bleiben 5 m frei. Dort wird das Tor eingebaut. Der Rest wird mit einem Holzzaun eingezäunt.

Frage:

Rechenart:

Rechnung:

Antwort:

Lies die Textaufgabe. Finde die Frage, die Rechnung und die Antwort. Die Zeichnung vom Parkplatz kann dir dabei helfen.

1.
Alexander ist 94 cm groß, sein Bruder 16 cm kleiner. Die Mutter ist genau 1 m größer als der kleine Bruder. Wie groß ist die Mutter?

Rechenart:

Rechnung:

Antwort:

2.
Ein Vater hat 5 Söhne. Jedem schenkt er 2 Kästchen. In jedem Kästchen sind 5 Beutel und in jedem Beutel 7 Goldmünzen. Wie viele Goldmünzen verschenkt der Vater insgesamt?

Rechenart:

Rechnung:

Antwort:

Lies genau und schreibe als Rechenaufgabe auf, was du aus der Aufgabe weißt.

1. Das Herz eines Kindes schlägt durchschnittlich 90-mal in einer Minute.
   Es schlägt ungefähr

   in 1 Stunde: mal

   an 1 Tag: mal

   in 1 Woche: mal

   in 1 Jahr: mal

   Mein Herz hat bisher so
   oft geschlagen: mal

   So stark ist dein Herz!

2. Das Herz pumpt jede Minute 5 l Blut durch den Körper.
   Es pumpt ungefähr

   in 1 Stunde:

   an 1 Tag:

   in 1 Monat: *

   * Das ist so viel wie der Inhalt
   von 8 Tanklastern!

Rechne die Aufgaben mit einem Taschenrechner und lass dir die Zahl von einem Erwachsenen vorlesen!

Seite 3
1. ⊟ (−)
2. ⊡ (·)
3. ⊡ (:)
4. ⊞ (+)

Seite 4
1. Signalwort: zusammen ⊞
80 Cent + 1,20 € = 2,00 €
2. Signalwort: 2 auf einmal ⊡
8 · 2 = 16

Seite 5
1. Signalwort: insgesamt ⊞
2. Signalwort: verteilt ⊡
3. Signalwort: der Rest ⊟
4. Signalwort: 3-mal ⊡

Seite 6
2 € + 1 € = 3 €
1 € + 2,50 € = 3,50 €
20 € + 5 € = 25 €
15 € + 1 € = 16 €
5 · 2 € = 10 €
4 · 20 € = 80 €
3 · 15 € = 45 €

Seite 7
27 + 13   40 Karten
40
7 · 40
280   280 €

Seite 8
80 : 40   Jeder bekommt
2   2 Wunderkerzen.

40 · 2   Sie geben alle
80   zusammen
          80 € aus.

Seite 9
18 + 18   Es sind insgesamt
36   36 Tore gefallen.

40 − 36   In der Verlänge-
4   rung fielen noch
          4 Tore.

Seite 10
1B   2A
3D   4E
5C

Seite 12
Schatztruhe 74

Seite 13
Blixa 5 · 8 = 40
      40 + 100 = 140
     140 −   5 = 135

Trixi 16 : 4 =   4
       4 + 20 = 24
      24 + 50 = 74
Trixi kann die Truhe öffnen.

Plixi 100 : 2 = 50
       50 · 3 = 150
      150 − 60 = 90

Seite 14
1) 8 + 16 = 24
Sie hat 24 Stücke gebacken.
2) 24 : 6 = 4
Jedes Kind kann 4 Stücke essen.
3) 10 − 4 = 6
Es brennen noch 6 Kerzen.

Seite 15
1) Wie viel kostet es zusammen?
165 € + 45 € = 210 €
Es kostet zusammen 210 €.
2) Wie viel fehlt noch?
210 € − 180 € = 30 € oder
180 € + 30 € = 210 €
Es fehlen noch 30 €.

Seite 16
1) Wie viel kostet es insgesamt?
7 · 4 = 28 €
Es kostet insgesamt 28 €.
2) Wie viele Stücke Pizza kann jedes Kind essen?
21 : 7 = 3
Jedes Kind bekommt 3 Stücke Pizza.

Seite 17

1.
Wochen	Tage
1	7
2	14
3	21
5	35
6	42
7	49

2.
Stunden	km
1	2
2	4
3	6
4	8
8	16
12	24

Seite 18

1.
Anzahl	Preis
1	30 €
2	60 €
3	90 €
4	120 €
5	150 €

2.
Anzahl	Preis
1	40 €
2	80 €
3	120 €
4	160 €
5	200 €

Die Antennen von Tenni sind billiger. Sie kosten pro Stück 10 € weniger.
Die Antennen von Funkgut sind teurer. Sie kosten pro Stück 10 € mehr.

Seite 19
1) Wie viel fahren sie insgesamt?
49 km + 38 km = 87 km
Sie fahren insgesamt 87 km.
2) Wie viel Pflaster brauchen sie?
28 + 2 = 30
30 : 2 = 15
Sie brauchen 15 Fahrradpflaster.

Seite 20
1) Wie viele Liter Getränke brauchen sie?
30 · 2 l = 60 l
Sie brauchen 60 Liter Getränke.
2) Wie viele Kilo Gepäck hat jeder?
8 kg + 5 kg + 1 kg = 14 kg
Jeder hat 14 kg Gepäck.

Seite 21
1) Wie viel schneller fährt Johann?
26,5 − 24,9 = 1,6
Johann fährt 1,6 Stundenkilometer schneller als Peter.
2) Wie viel muss er insgesamt zahlen?
3 € · 30 = 90 €
Er muss insgesamt 90 € zahlen.

Seite 23
1.
	PREISWERT	KAUF MICH	UNTERSCHIED
Käse	2,19 €	2,22 €	0,03 €
Butter	1,00 €	1,19 €	0,19 €
Kekse	0,79 €	1,59 €	0,80 €
Saft	1,03 €	0,99 €	0,04 €
Marmelade	1,53 €	1,44 €	0,09 €
Gummibärchen	0,75 €	0,69 €	0,06 €
Waschmittel	5,99 €	6,23 €	0,24 €

2,19 € + 0,79 € + 5,99 € + 1,00 € + 1,44 € + 0,99 € + 0,69 € = 13,09 €

Seite 24
52 + 8 = 60   73 + 17 = 90
10 − 8 = 2   30 − 17 = 13
64 : 8 = 8   4 · 3 = 12
 7 · 8 = 56   3 · 5 = 15
16 + 7 = 23   4 · 9 = 36
 7 · 9 = 63   72 : 9 = 8
42 : 7 = 6   8 · 5 = 40
50 · 8 = 42   25 + 8 = 33
Hier musstest du bei der unteren Aufgabe beginnen.

Seite 25
A1) Wie viele Tage kann sie bleiben?
A2) 200 € : 50 = 4
A3) Sie kann 4 Tage bleiben.

B1) Wie oft muss er laufen?
B2) 10 : 2 = 5 5 + 1 = 6
B3) Er muss 6-mal laufen.

Seite 26
C1) Wie viel zahlt er insgesamt?
C2) 2 · 9 = 18 ...
C3) Er zahlt 54 €.

D1) Wie viel Geld bekommt er zurück?
D2) 1,50 € + 1,50 ...
D3) Er bekommt 1,50 € zurück.

Seite 27
Ich rechne
1. ⊡ ⊡ ⊞
2. ⊞ ⊡ ⊡
3. ⊡ ⊡ ⊞ ⊟
4. ⊞ ⊟
5. ⊡ ⊞

Seite 28
Wie viel kostet die Reparatur?
4 · 90 € = 360 €
2 · 60 € = 120 €

360 € + 120 € = 480 €.

Die Reparatur kostet 480 €.

Seite 29
Wie viel Meter Zaun braucht man?
15 m − 5 m = 10 m
18 m + 18 m + 15 m + 10 m = 61 m
oder 2 · 15 m = 30 m
2 · 18 m = 36 m
36 m + 30 m = 66 m
66 m − 5 m = 61 m
Man braucht 61 Meter Zaun.

Seite 30
1) 94 cm − 16 cm = 78 cm
78 cm + 100 cm = 178 cm = 1,78 m (Mutter)

2) 5 · 2 = 10
10 · 5 = 50
50 · 7 = 350 (Goldmünzen)

Seite 31
1) Das Herz schlägt in einer Stunde
90 · 60 = 5400-mal,
an einem Tag
5400 · 24 = 129.600-mal,
in einer Woche
129.600 · 7 = 907.200-mal,
in einem Jahr
129.600 · 365 = 47.304.000-mal

Seite 31
2) In einer Stunde
5 l · 60 = 300 l,
an einem Tag
300 l · 24 = 7200 l,
in einem Monat
7200 l · 30 = 216.000 l
oder
7200 l · 31 = 223.000 l